Basics Investieren

Jan-Frederic Großmann

BASICS INVESTIEREN

Ein Leitfaden für die Vermögensanlage

Jan-Frederic Großmann hat in seinem ersten beruflichen Werdegang ein duales Studium zum Diplom-Betriebswirt Fachrichtung Banken und Bausparkassen abgeschlossen und war insgesamt vier Jahre bei einer Bank tätig. Sein größtes Hobby ist das Traden.

Bibliografische Information der Deutschen Nationalbibliothek:
Die Deutsche Nationalbibliothek verzeichnet diese Publikation in der Deutschen Nationalbibliografie; detaillierte bibliografische Daten sind im Internet über http://dnb.dnb.de abrufbar.

Satz, Umschlaggestaltung und Verlag: BoD · Books on Demand GmbH, Überseering 33, 22297 Hamburg, bod@bod.de
Druck: Libri Plureos GmbH, Friedensallee 273, 22763 Hamburg

ISBN: 978-3-7693-3462-3

VORWORT

Liebe Leser, ich möchte nicht das einmillionste Buch mit dem Thema „Wie werde ich reich oder wie werde ich Millionär" auf den Markt bringen, sondern ich möchte eine strukturierte Anleitung zum Besten geben, wie man sein Vermögen zum Zeitpunkt verschiedener Marktphasen aufbauen und strukturieren kann. Die Vorstellung, schnell reich zu werden, ist meiner Meinung nach illusorisch und bleibt nur wenigen Personen vorenthalten, die entweder viel Kapital einsetzen können oder die mit hochriskanten Einzelanlagen reich geworden sind, Stichwort „Krypto-Millionäre". Ich möchte auch nicht Ihre Zeit verschwenden, deshalb richtet sich das Buch vor allem an Leser mit wenig bis gar keiner Anlageerfahrung im Bereich der Vermögensanlagen oder Ahnung von volkswirtschaftlichen Zusammenhängen. Ich kann Ihnen keine schnelle Anleitung dazu geben, reich zu werden, ich möchte nur Wege aufzeigen, wie man Vermögen strukturieren und diversifizieren kann. Im Nachfolgenden werden zunächst Beispiele der Vermögensallokation dargestellt und die jeweiligen Asset-Klassen näher erläutert. Ich möchte Ihnen helfen, sowohl in bullishen Marktphasen (Phasen steigender Märkte) und Gierphasen einen kühlen Kopf zu bewahren, als auch in Zeiten fallender Kurse (bearishe Marktphasen) Ihr Portfolio besser durch den Sturm zu navigieren. Die Ausführungen im Folgenden sind allgemein gehalten. Ich bitte hier insbesondere um Verständnis, um das Neutralitätsprinzip zu wahren, sodass nicht einzelne Produkte hier namentlich genannt werden sollen. Eine Ausnahme stellt die Erwähnung hinlänglich bekannter großer ETFs/ETPs zu Beispielzwecken dar.

HAFTUNGSAUSSCHLUSS

schätzen, bevor er eine Kauf- oder Verkaufsentscheidung trifft. Weiterhin wird für die Richtigkeit der unten genannten Angaben keine Haftung oder Gewähr übernommen. Die in den folgenden Ausführungen dargestellten volkswirtschaftlichen Modelle sind zum Teil stark vereinfacht dargestellt und ersetzen nicht das Studium eines volkswirtschaftlichen Lehrbuchs.

INHALT

VERMÖGENSAUFTEILUNG UND ASSET-ALLOKATION

Die Themen Asset-Allokation und Portfoliomanagement gehen zurück auf das Konzept von H. Markowitz (1952). Unter Risikogesichtspunkten ist eine Streuung von Finanzanlagen beziehungsweise Aufteilung des Vermögens in verschiedene Finanzanlagen sinnvoll, man spricht hier von Diversifikation. Diversifizierte Portfolien versuchen, zu verschiedenen Marktphasen sowohl Rendite zu erzielen als auch ausreichend Sicherheit zu bieten. Die Gewichtung der jeweiligen Asset-Klassen unterteilt die Anleger in risikoavers (einem Risiko abgeneigt), risikoneutral und risikofreudig. Hierbei stehen sich hohe Rendite und Risikoaversion diametral entgegen.

Zunächst einmal kann sich die Asset-Allokation auf das Gesamtvermögen beziehen unter Betrachtung von Immobilien und liquiden Mitteln (z. B. Bargeld, Geldmarktfonds, Anleihen, Aktien, Edelmetalle, Währungen, Kryptowährungen usw.). Innerhalb der jeweiligen Asset-Klasse kann dann die jeweilige Klasse nochmals ausreichend diversifiziert werden. Eine Welt ohne Inflation, ohne Risiko, ohne Änderungen des Zinsniveaus oder ohne steuerliche Betrachtung existiert nicht, sodass nachfolgend hier die Zusammenhänge dargestellt werden und insbesondere auch auf die Äquivalenzkosten oder Alternativkosten eingegangen werden soll. Das Konzept des reinen Sparens ist zwar weiterhin gültig und sinnvoll, bevor man gar nichts tut und nicht spart. Ausreichende liquide Mittel sollte auch jeder bereithalten. Eine Betrachtung der Aufteilung des Gesamtvermögens macht aber unter der Berücksichtigung von Alternativkosten und dadurch unterschiedlich zu erreichenden Renditen durchaus Sinn. In einem breit diversifizierten Portfolio heben sich je nach Gewichtung unter Umständen die Renditen gegeneinander auf. Schlecht diversifizierte Portfolios unterliegen einem Klumpenrisiko. Das systematische Risiko (oder Marktrisiko) kann durch Diversifikation nicht weiter reduziert werden. Das unsystematische Risiko (z. B. Unternehmens- oder Branchenrisiko) kann durch Diversifikation weiter reduziert werden.

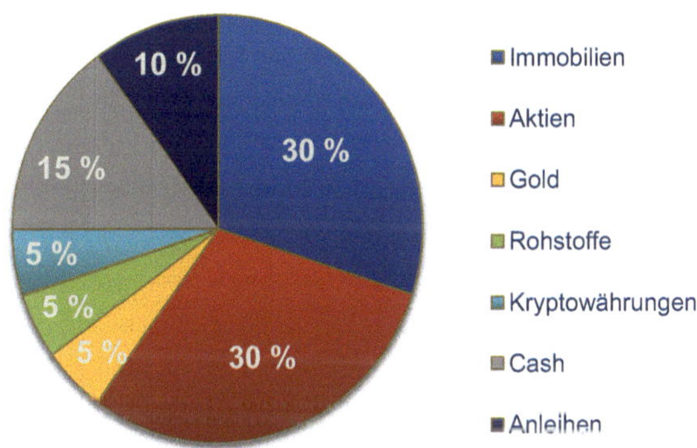

Abbildung 1: Beispiel für ein Multi-Asset-Portfolio (eigene Darstellung)

Im oben genannten Beispiel ist ein Multi-Asset-Portfolio mit der unterschiedlichen prozentualen Gewichtung der jeweiligen Vermögensklasse dargestellt. Der Anleger scheint hier eher risikofreudig zu sein. Je höher der Aktienanteil und der Anteil stark schwankender Vermögenswerte wie beispielsweise Krypto-Assets, Rohstoffe usw., umso ri-

sikobehafteter das Portfolio. Umgekehrt gilt: Je höher der
Anteil an Anleihen und Cash (unter Cash könnte man beispielsweise Geldmarktfonds, Tagesgelder und Festgeld-
anlagen subsumieren), umso risikoärmer ist das Portfolio
strukturiert. Ein Portfolio aus 100 % Staatsanleihen oder
Geldmarktfonds (Investmentfonds mit kurzer Restlaufzeit
meist < 12 Monaten, Rendite ähnelt meist dem Referenz-
zinssatz der Notenbank der jeweiligen Laufzeit) oder Ta-
gesgeldern könnte man dementsprechend als sicher be-
zeichnen. Es gilt aber zu bedenken, dass in Zeiten hoher
Inflation unter Umständen dennoch eine negative Rendite
erzielt werden kann, da die Inflation beispielsweise den
Geldmarktzins oder Anleihezins übersteigt und somit die
Wertanlage schrumpft. Somit wächst das Guthaben beziehungsweise Vermögen nicht mehr, sondern sinkt und
Sparen wird unattraktiv. Deshalb wird nun im Folgenden
der Zusammenhang zwischen Inflation, Geldmenge und
Auswirkungen auf den Aktienmarkt beziehungsweise An-
leihenmarkt dargestellt. Auf die verschiedenen Asset-Klassen wird im Folgenden ebenfalls eingegangen. Hierbei
werden immer wieder Merksätze mit traditionellen beziehungsweise allgemeingültigen Grundsätzen in der Finanz-
welt hervorgehoben. Es versteht sich von selbst, dass diese
Zusammenhänge jedoch nicht immer und sofort eintreten
beziehungsweise gültig sind, da Märkte nicht perfekt sind.
Märkte unterliegen beispielsweise asymmetrischer d. h.
ungleicher Informationsverteilung, unterschiedlichen Erwartungen und Stimmungen (Sentiments), was zur Etablierung sog. Sentiment-Indizes geführt hat, die teilweise
wiederum in Risikomodelle zur Marktentwicklung mitein-
fließen.

Der Hedgefondsmanager Ray Dalio prägte in den neunziger Jahren den Begriff des „Allwetter-Portfolios". Er versuchte unabhängiger von Konjunkturphasen zu sein und war davon überzeugt, dass dieses Portfolio in sämtlichen Marktphasen eine gute Rendite erzielt. Das Allwetter-Portfolio wurde von zahlreichen Finanzdienstleistern nachgebildet.

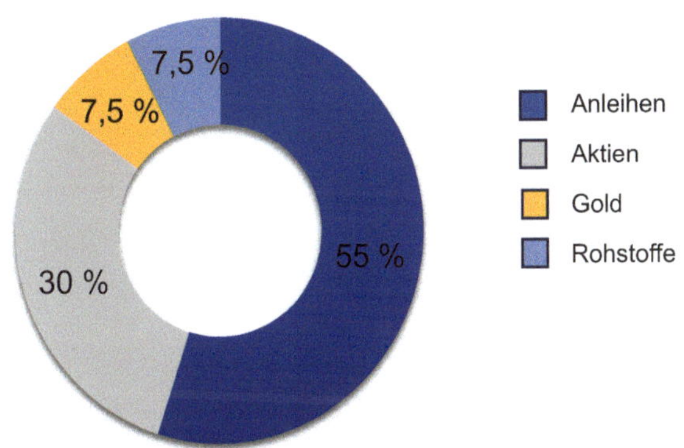

Abbildung 2: Allwetter-Portfolio nach Ray Dalio

Die meisten Banken bieten ihren Kunden in Bereichen der Vermögensverwaltung oder Private Equity, welche jedoch oft an Mindestanlagen gebunden sind, verschiedene Risikokategorien zur Allokation ihres Depots beziehungsweise Portfolios an. Zunächst wird klassisch häufig unterschieden zwischen Fixed Income (festverzinsliche Wertpapiere, Anleihen, Geldmarktfonds usw.) und Equity (z. B. Aktien). Die jeweilige Risikokategorie wird dann im Verhältnis der beiden Asset-Klassen zueinander festgelegt. Die prozentualen Zahlen sind nicht starr und unterscheiden sich von Anbieter/Vermögensverwalter zu Anbieter/Vermögensverwalter. Beispielsweise *reines Fixed Income* (gut kalkulierbar, wenig Risiko), *konservativ* z. B. 75 % Fixed Income, 25 % Aktien, *balanciert* (Verhältnis meist ca. 50/50), *dynamisch* z. B. 60 % Aktien/40 % Fixed Income oder *Wachstum (Growth)*, mit Aktienanteilen von über 80 % (hohe bis sehr hohe Chancen bei hohem Risiko). Rohstoffe, Gold oder Immobilienanlagen sind nicht immer in diesen Portfoliostrategien enthalten. Häufig werden diese klassischen Konzepte mit verschiedenen Managementstrategien durch andere Asset-Klassen ergänzt.

GELDMENGE UND ZINSSATZ

Nachfolgend werden nun theoretische volkswirtschaftliche Modelle kurz vorgestellt, um die Bedeutung der Geldpolitik der Zentralbank zu verdeutlichen und damit die Auswirkungen von diesbezüglichen News auf die Wertpapierkurse. Selbstverständlich müssen die Märkte nicht immer so und sofort funktionieren, da Märkte unvollkommen sind und nicht immer den theoretischen Modellen oder Erwartungen folgen.

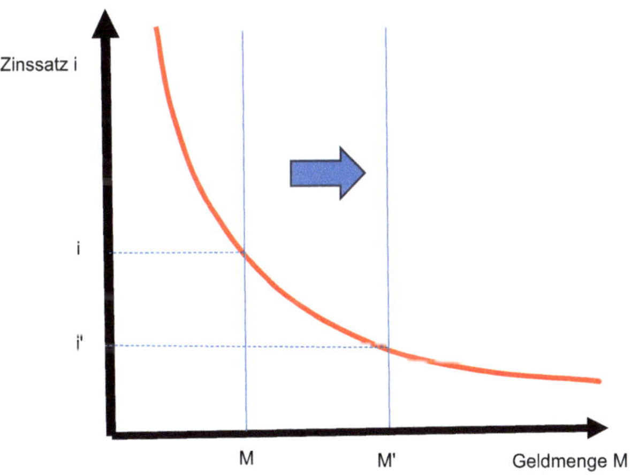

Abbildung 3: Geldnachfragekurve (klassisches Modell).
Quelle: Dezernat Zukunft, Institut für Makrofinanzen

Eine der zentralen Aufgaben der Notenbank ist es, die Preisstabilität konstant zu halten. Dafür strebt sie ein Inflationsziel von ca. 2 % an. Abbildung 3 zeigt das klassische Modell der Geldnachfragekurve [1]. Erhöht die Notenbank nun die Geldmenge im Sinne einer expansiven Geldpolitik von M auf M', so sinkt der Zinssatz i nach i'. Dadurch steht ihr ein Instrument zur Steuerung des Zinsniveaus zur Verfügung. Beispielsweise kann die Geldmenge durch Offenmarktgeschäfte, wie zum Beispiel den An- oder Verkauf von Anleihen (z. B. Staatsanleihen oder Wertpapieren) durch die Notenbank, realisiert werden.

DIE QUANTITÄTSTHEORIE DES GELDES UND DIE BEPREISUNG VON AKTIEN

$$M \cdot v = p \cdot Y$$

M Geldmenge
V Geldumlaufgeschwindigkeit
P Preisniveau
Y Bruttoinlandsprodukt

Diese makroökonomische Gleichung besagt, dass bei steigender Geldmenge das Preisniveau steigt, wenn die anderen Faktoren Geldumlaufgeschwindigkeit und Bruttoinlandsprodukt konstant bleiben [2]. Wird die Produktivität oder das BIP erhöht, sinkt umgekehrt das Preisniveau. Vice versa kann durch eine restriktive Geldpolitik (Geldmengenschrumpfung) und somit einhergehende Zinserhöhung das Preisniveau/die Inflation durch die Notenbanken reduziert werden. Die Auswirkungen auf die Bepreisung von Aktien erläutert nun das Gordon-Growth-Modell [3].

$$\text{Wert einer Aktie oder Investition} = \frac{D}{r - g}$$

D Wert der Dividende des nächsten Jahres
r Diskontierungszinssatz
g ewige oder konstante Wachstumsrate der Dividende

Wird für eine Aktie beispielsweise für kommendes Jahr eine Dividende von 4 € prognostiziert und der aktuelle

Zinssatz liegt bei 5 % bei angenommener konstanter Dividendenwachstumsrate von 1 %, so lautet die Rechnung:

$$\frac{4\,€}{0,05 - 0,01} = 100\,€ \ \Rightarrow \ \text{Die Aktie wird also mit 100 € bewertet}$$

steigert die Notenbank den Zinssatz nun auf 6 %, so lautet die Rechnung:

$$\frac{4\,€}{0,06 - 0,01} = 80\,€ \ \Rightarrow \ \text{Die Aktie wird also mit 80 € bewertet}$$

Die Aktie wird durch die Zinserhöhung also nur noch mit 80 € bewertet. Die Notenbank kann also durch Steuerung ihrer Zinspolitik die Bewertung von Aktien beeinflussen. Der Aktienmarkt kann somit entweder aufgewertet, im Extremfall aufgebläht oder auch geschrumpft werden.

$\Longrightarrow$ News über Zinssenkungen durch die Notenbank wirken tendenziell bullish auf Aktienmärkte.

$\Longrightarrow$ News über Zinserhöhungen oder Anstieg des Preisniveaus/Inflation wirken tendenziell bearish auf Aktienmärkte. In News wird oft von „hawkishen" Kommentaren z. B. der Notenbank gesprochen. Mit „hawkish" sind wirtschaftliche Szenarien mit höheren Zinssätzen oder höherer Inflation gemeint.

$\Longrightarrow$ News über Zinserhöhungen oder Anstieg des Preisniveaus/Inflation wirken tendenziell bearish auf Aktienmärkte.

$\Longrightarrow$ News über steigende Öl- und Gaspreise können zu höherer Inflation führen (da höhere Produktions- und Energiekosten).

$\Longrightarrow$ News eines steigenden Bruttoinlandsprodukts (BIP) führen tendenziell zu steigenden Kursen. Das Gleiche gilt für gute Unternehmensergebnisse. Cave: Sind die guten Ergebnisse bereits erwartet worden beziehungsweise eingepreist oder liegen die Ergebnisse im Rahmen der Erwartungen, so können die Kurse trotz guter Zahlen fallen. Manchmal fangen Anleger auch an, bei guten Unternehmensergebnissen abzuverkaufen, um die guten News mitzunehmen, sodass die Kurse auch fallen. Eine Reaktion der Kurse auf Quartals- oder Jahresergebnisse ist deshalb nur schwer prognostizierbar, weshalb man meines Erachtens auf die Anwendung von Hebelprodukten generell und auch vor Veröffentlichung von Daten oder Unternehmensergebnissen verzichten sollte. Hebelprodukte z. B. Faktorzertifikate steigen um das X-fache des jeweiligen Hebels in Bezug auf den zugrunde liegenden Basiswert. Fällt beispielsweise der Dax® um 2 % und man besitzt ein Faktorzertifikat mit 10-fachem Hebel, so fällt das Zertifikat um 20 %. Wenn der Dax® am Folgetag dann wieder um 2 % steigt, erreicht man nicht mehr die 100 %, sondern nur die 96 %. Der Dax® müsste somit an dem jeweiligen Tag um 2,5 % steigen, um wieder den Ausgangswert von 100 % zu haben. Hebelprodukte sind nichts anderes als Casino.

EINFLUSS DES ARBEITSMARKTES

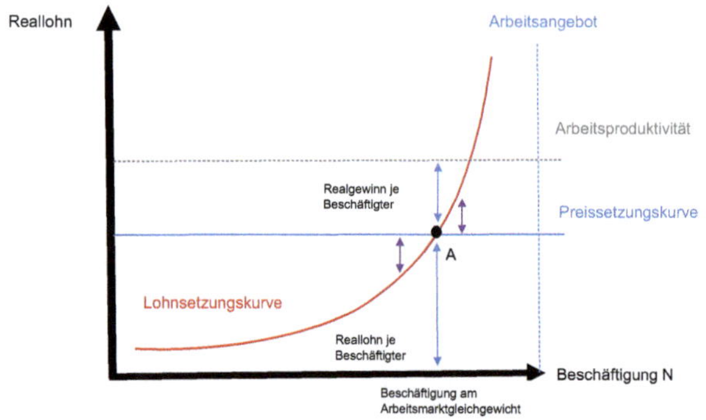

Abbildung 4: Reallöhne und Beschäftigung (Quelle modifiziert nach Bowles, S., Carlin, W. und Stevens, M. (2017). „Inflation, Arbeitslosigkeit und Geldpolitik". Einheit 15 in CORE Team, Die Wirtschaft)

Am Punkt A mit einer Arbeitslosenquote im Arbeitsmarktgleichgewicht sind Löhne und Preise stabil, die Inflation gleich null. Der Reallohn auf der Lohnsetzungskurve entspricht dem auf der Preissetzungskurve, sodass die Unternehmensansprüche auf Realgewinn je Beschäftigter plus die Beschäftigtenansprüche auf Reallohn die Arbeitsproduktivität ergeben. Befinden sich Lohnsetzungskurve und Preissetzungskurve nicht im Gleichgewicht am Punkt A, so kommt es zu einer Verhandlungslücke, die dem vertikalen Abstand beider Kurven entspricht (violette Pfeile). Bei sinkender Arbeitslosigkeit wird es für die Unternehmen schwieriger, geeignete Beschäftigte zu finden, die Verhandlungsposition der Beschäftigten auf höhere Löhne steigt und das neue Gleichgewicht auf der Preissetzungskurve liegt nun höher (Lohn-Preis-Spirale). Umgekehrt

wenn die Beschäftigung zurückgeht und die Arbeitslosigkeit steigt, gibt es mehr verfügbare Arbeitskräfte und deren
Verhandlungsposition sinkt, die Inflation fällt [4].

Den Zusammenhang zwischen Inflation und Arbeitslosigkeit zeigt nun die Phillips-Kurve.

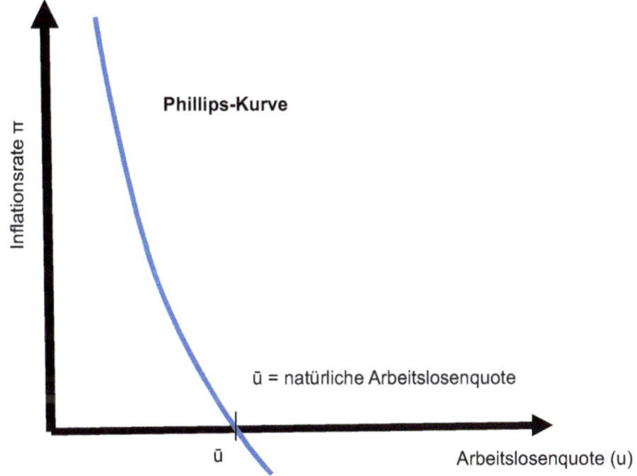

Abbildung 5: Phillips-Kurve (Quelle: Gabler Wirtschaftslexikon)

Die Kurve wird hier dargestellt, um den Zusammenhang
zwischen Inflationsrate und Arbeitslosenrate zu verdeutlichen. Sorgt die Zentralbank über expansive Maßnahmen
zur Konjunkturpolitik für einen Rückgang der Arbeitslosenquote, würde dies mit einem Anstieg der Inflationsrate
einhergehen. Es besteht hier also ein negativer Zusammenhang, sofern man postuliert, dass die Kurve gilt. Da
Märkte jedoch unvollkommen sind, ist die Phillips-Kurve
im Rahmen von wirtschaftspolitischen Entscheidungen kri-
tisch zu sehen, da aufgrund verschiedener Einflussfaktoren

21

z. B. technischer Fortschritt, politische Machtverhältnisse, Erwartungen usw. die Märkte nicht als vollkommen gelten [5].

$\Longrightarrow$ Aktienmärkte interpretieren deshalb News im Zusammenhang mit z. B. steigender Arbeitslosenquote tendenziell eher positiv. Einerseits, da davon ausgegangen wird, dass expansive Geldmaßnahmen eingeleitet werden, um die Konjunktur zu fördern, andererseits deutet dies im Rahmen der Phillips-Kurve auf eher sinkende Inflation hin, womit weniger gegen Zinssenkungen durch die Zentralbank spricht.

ZINSSATZ UND WECHSELKURS

Unter der Prämisse der Gültigkeit der Zinsparität weisen festverzinsliche Anlagen im In- und Ausland dieselbe Rendite auf, da sonst Arbitrage- also Gewinnabschöpfungsmöglichkeiten vorhanden wären. Niemand würde in einem Land mit niedrigerer Rendite investieren, deshalb regelt sich der Wertausgleich über den Wechselkurs. Steigen also die Zinsen in einem Land, steigt der Wechselkurs, da nun mehr Kapitalanleger in die höher verzinsliche Anlage investieren möchten und kaufen somit Fremdwährung. Dadurch wiederum steigt der Wechselkurs beziehungsweise die höhere Verzinsung wird nun über den teureren Wechselkurs bezahlt, sodass die Gesamtrendite zwischen beiden Ländern wieder gleich ist. Werden die Zinsen im Euroraum z. B. gesenkt, fällt der Euro gegenüber dem Dollar. Staaten nutzen dies wiederum, um ihr Bruttoinlandsprodukt anzukurbeln, da nun die Produkte und Erzeugnisse für andere Länder günstiger zu erwerben sind und die Auslandsnachfrage steigt (Stichwort Exportüberschuss). Staaten könnten dies endlos so weitertreiben, wenn da die Inflation nicht wäre. Abbildung 6 zeigt den linearen Zusammenhang von Wechselkurs und Zinssatz unter Gültigkeit der Zinsparitätentheorie [6].

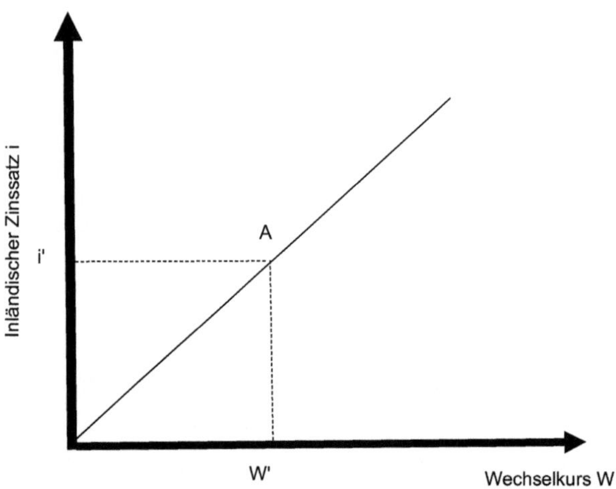

Abbildung 6: Wechselkurs und Zinssatz (Quelle: modifiziert nach Blanchard, O., Illing G., Makroökonomie, Kapitel 19 – Produktion, Zinssatz und Wechselkurs, 8. Auflage Pearson (2021))

AUSWIRKUNGEN VON ZÖLLEN

Die Einführung eines Importzolls auf Waren und Dienstleistungen entspricht quasi einer Steuer. Zölle erbringen dem Staat Einnahmen. So führt z.B. die Einführung von US-Importzöllen zu einer Verteuerung von Importen in die USA. Der Preis eines Gutes im Inland steigt dadurch gegenüber dem Weltmarktpreis. Die Preiserhöhung erfolgt zwar nicht proportional zur Höhe der Zollsetzung, da dieses von Alternativen und Marktteilnehmern abhängt. Dennoch wenden sich inländische Konsumenten dann eher den billigeren inländischen Alternativen zu sofern ausreichend verfügbar [7].

Die inländischen Produzenten werden dadurch gezwungen mehr zu produzieren und ihre Produktivität zu erhöhen. Zölle haben deshalb für inländische Produzenten einen Vorteil. Für inländische Konsumenten werden die Preise jedoch dadurch erhöht bzw. inländische Konsumenten werden dadurch weniger konsumieren. Da der Zoll einer Steuer entspricht, stört dies die Anreize der Marktteilnehmer und führt weg vom Optimum, es kommt zu einem Wohlfahrtsverlust [8].

Gegenstand von Diskussionen ist, dass durch Zölle das Handelsbilanzdefizit z.B. der USA reduziert werden kann. Ökonomen sind sich jedoch einig, dass Zölle kein geeignetes Mittel sind, das Handelsbilanzdefizit eines Landes nachhaltig zu verringern. Zölle führen häufig wiederum zu Gegenzöllen.

US-Zoll Szenarien der österreichischen Nationalbank ergaben im Jahr 2025 sowohl für die EU als auch für die USA Wachstumseinbußen, zumindest temporär [7].

Somit führen Importzölle tendenziell zu einem Preisanstieg im Inland und somit zu Inflation. Des Weiteren kann ein Wohlstandverlust bzw. eine vorübergehende Senkung des Bruttoinlandsproduktes eintreten.

$\implies$ News im Zusammenhang mit Zöllen sind deshalb tendenziell negativ für den Aktien- als auch Krypto-markt.

AKTIEN UND ETFS

Generell gilt als Faustregel für den Portfolioaufbau, dass der Aktienanteil (100 minus Lebensalter) nicht überschritten werden sollte [9]. Möchte man sich nun bestmöglich diversifizieren, so bietet sich beispielsweise die Investition in einen ETF (Exchange Tradet Funds) dazu an. ETFs sind börsengehandelte Indexfonds. Der Vorteil ist, dass sie keinem Emittenten-Ausfallrisiko unterliegen. Selbstverständlich benötigt man hierfür ein Wertpapierdepot. Viele ETFs sind mittlerweile auch sparplanfähig.

Möchte man beispielsweise in Deutschland investieren, so bietet sich ein Dax®-ETF an. Es gibt sowohl nach Branchen gewichtete ETFs als auch nach Größe der Unternehmensmarktkapitalisierung (Small Caps und Midcaps), z. B. ein ETF auf den MDax® oder SDax®. Möchte man international investieren, so lohnt es sich, den MSCI World Index einmal genauer zu betrachten. Dieser bietet sich als Fundament für ein Portfolio an. Der MSCI World hat in den letzten 50 Jahren eine beachtliche Rendite erzielt. Er weist eine durchschnittliche 10-Jahres-Rendite von 7,05 % auf, auf 30 Jahre von 5,89 % und auf 50 Jahre von 7,39 % [10].

Abbildung 7 zeigt die Aufteilung des MSCI World nach Ländern. Dominant sind die USA mit ca. 70 %. China ist im Index nicht enthalten, dafür aber im MSCI Emerging Markets (Schwellenländer) mit 24,24 %. Der MSCI Emerging Markets bietet höhere Wachstumschancen, natürlich mit damit einhergehendem höherem Risiko.

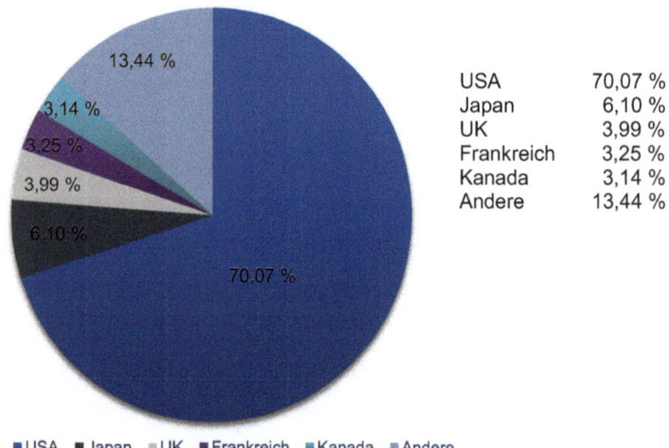

Abbildung 7: Länderzusammensetzung des MSCI World
(Quelle: MSCI, www.msci-world.de, Stand 30.11.2023)

Informationstechnologie	22 %	Kommunikation	7 %
Finanzen	15 %	Rohstoffe	4 %
Gesundheitswesen	13 %	Energie	5 %
Konsumgüter	11 %	Versorgung/Energie	3 %
Industrie	11 %	Immobilien	2 %

Unternehmen	Branche	Land	Anteil
Apple	Technologie	USA	5,18 %
Microsoft	Technologie	USA	4,64 %
Amazon	Konsum	USA	2,32 %
Nvidia	Technologie	USA	2,0 %
Alphabet A	Kommunikation	USA	1,37 %
Meta Platforms	Kommunikation	USA	1,26 %
Tesla	Automobil	USA	1,19 %
United Health Group	Gesundheitswesen	USA	0,89 %
Eli Lilly and Company	Gesundheitswesen	USA	0,83 %
Gesamt			20,82 %

Tabelle 1: Branchenaufteilung des MSCI World und größte Unternehmen
(Quelle: MSCI, www.msci-world.de, Stand 30.11.2023)

20 % des MSCI World machen die o. g. Top-10-Unternehmen aus, alle haben ihren Firmensitz in den USA. Des Weiteren sieht man, dass im MSCI World vor allem die Technologiebranche dominiert, gefolgt von der Finanzbranche. Viele verschiedene große Finanzdienstleister und Banken bieten einen eigenen ETF auf den MSCI World Index an.

Der FTSE-All-World Index (Industrie- und Schwellenländer) offeriert noch eine breitere Marktstreuung. Der S&P Global 100 beispielsweise umfasst die 100 größten multinationalen Unternehmen.

Möchte man in den USA investieren, so bietet sich z. B. ein ETF auf den S&P 500 oder die Technologiebörse Nasdaq® an (Cave: hier höheres Risiko, da der Nasdaq® Index volatiler ist). Möchte man in Schweizer Aktien investieren, so bieten sich ETFs auf den SMI® (Swiss Market Index) oder SLI® (Swiss Leader Index) an.

Es gibt ausschüttende ETFs, die also die Dividenden an Anleger wieder ausschütten, und thesaurierende ETFs, welche die Dividenden wieder in Aktien reinvestieren, es steigt also der Wert des jeweiligen Anteils.

Bei Investitionen in ausländische ETFS muss man darauf achten, dass man einem Währungsrisiko unterliegt. Die Handelswährung legt fest, in welcher Währung der ETF an der Börse gehandelt wird. So werden die Anteile z. B. im Xetra®-Handel (elektronisches Handelssystem der Deutschen Börse®) in Euro abgerechnet, obwohl die Fondswährung nicht der Euro ist. Die Fondswährung orientiert sich meist an der Währung des zugrunde liegenden Index [11].

Politische Risiken sowie restriktive Risiken z. B. Handelsbeschränkungen (z. B. China) sind bei Investitionen in ausländische Aktien oder Schwellenländer mit zu berücksichtigen. Ausländische Einzelaktien werden oft im Rahmen eines ADR (American Depositary Receipt) oder GDR (Global Depository Receipt) ausgegeben. Es handelt sich hierbei um von US-amerikanischen Banken ausgegebene Hinterlegungsscheine.

Ohne wesentliche Anlage-Erfahrung empfiehlt es sich, beim Kauf von Einzelaktien zunächst auf die Branchenprimusse beziehungsweise Bluechips zu fokussieren. Natürlich sollte man sich auch mit der Unternehmensbilanz und dem Produktangebot des Unternehmens ausführlich beschäftigt haben und auch darauf achten, welche Branchen unter den aktuellen politischen und auch sonstigen weltweiten Rahmenbedingungen sinnvoll sind (Rohstoffbeschaffungskosten für das Unternehmen, Energiepreise usw.). Eine weitere Strategie bei Einzelaktien kann der Kauf dividendenstarker großer Unternehmen darstellen.

Von Investitionen in Penny-Stocks oder insolvente Unternehmen rät der Autor ab, diese entsprechen Zockerei, man könnte genauso gut ins Casino gehen. Viele Anleger haben hier große Erwartungen, kaufen bei fallenden Kursen dann immer wieder nach. Sollten Sie jemals in Versuchung kommen, denken Sie daran, niemand möchte ein „dead horse" reiten.

Das klassische 70/30-Weltportfolio besteht aus 70 % Aktien aus Industrieländern und 30 % Aktien aus Schwellenländern. Die höhere Gewichtung der Schwellenländer zielt darauf ab, von den historisch höheren Renditen der Schwellenländer zu profitieren [12].

In seiner einfachsten Form kann dieser durch einen MSCI-World-ETF und den MSCI-Emerging-Markets-ETF nachgebildet werden. Wir erinnern uns, dass der MSCI World Index sehr USA-lastig ist (ca. 70 %) und der MSCI Emerging Markets sehr China-lastig (24,42 %). Man könnte hier beispielsweise noch einen ETF auf europäische oder Schweizer Aktien beimischen und die Quote am MSCI Emerging Markets reduzieren, um dann in besonders aussichtsreiche Schwellenländer zu investieren (hypothetisches Beispiel: in einen Indien-ETF).

Man kann natürlich auch statt des MSCI World den FTSE-All-World Index nehmen, hier beträgt der USA-Anteil ca. 60 %, Schwellenländer hingegen sind hier eher unterrepräsentiert, sodass man wieder den MSCI Emerging Markets hinzunehmen müsste, sofern man der 70/30-Theorie folgt.

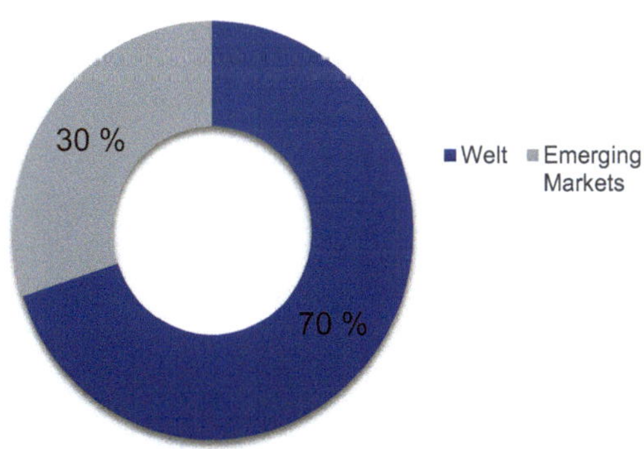

Abbildung 8: 70/30-Weltportfolio

Das KGV

Bei Einzelaktien lohnt sich immer ein Blick auf das Kurs-Gewinn-Verhältnis (KGV) des Unternehmens. Es ist einfach zu berechnen und gibt eine grobe Einschätzung, ob die Aktie eher teuer oder günstig bewertet ist [13]. Grundsätzlich gilt: Je niedriger das KGV, umso günstiger bewertet ist eine Aktie.

$$KGV = \frac{\text{Kurs der Aktie}}{\text{Gewinn der Aktie}}$$

Das KGV besagt, wie viele Jahre das Unternehmen seinen Gewinn machen muss, um den aktuellen Kurs zu rechtfertigen. Kostet eine Aktie beispielsweise 80 € und der Gewinn pro Aktie beträgt 4 €, so beträgt das KGV 20 und besagt, dass das Unternehmen über 20 Jahre diesen Gewinn verdienen muss, um seinen aktuellen Kurs zu bezahlen. Die Investorenlegende Warren Buffett verfolgte jahrelang eine Strategie des Auffindens günstiger Papiere, um Gewinne zu realisieren. Ein KGV von 15 wird von Analysten oft als niedrig angesehen. Dennoch werden oft von Anlegern Unternehmen gekauft, die deutlich höhere KGVs aufweisen, ja sogar prinzipiell als überteuert gelten. Entweder ist die Erwartung auf zukünftige Gewinne z. B. im Wachstumssektor oder Technologiesektor deutlich höher (verschiedene Branchen haben verschiedene KGVs) oder man möchte bei steigenden Märkten einfach weiter mitkaufen. Natürlich wird man in Niedrigzinsphasen oder konjunkturellen Hochphasen weniger Unternehmen mit günstigem KGV finden. Das KGV als Kennzahl allein sollte nicht zur Aktienbewertung oder Kaufentscheidung herangezogen werden. Es berücksichtigt keine Dividenden und sagt auch nichts über zukünftige Gewinne aus. Es ersetzt keinesfalls eine fundierte Unternehmensanalyse oder Bilanzauswertung.

Die Korrelation ß und Volatilität

Das statistische Maß der Korrelation ß sagt etwas darüber aus, wie sich eine Aktie zum Referenzindex oder Gesamtmarkt verhält. Bewegen sich Aktie und Index unabhängig voneinander, haben sie eine Korrelation von 0. Bewegen sie sich genau entgegengesetzt oder invers, ist die Korrelation −1. Bewegen sie sich genau in die gleiche Richtung, beträgt die Korrelation +1.

Fällt z. B. der Dax® um 1 % und beträgt die Korrelation einer Aktie zum Dax® 1,5, würde die Aktie um 1,5 % fallen. Hätte die Aktie beispielsweise ein ß von 0,8, würde die Aktie nur um 0,8 % fallen, wenn der Dax® um 1 % fällt.

Ein höheres ß größer 1 zeigt, dass die Aktie volatiler ist als der Gesamtmarkt und somit eine höhere Schwankungsbreite (Volatilität) aufweist. Die Volatilität ist ein statistisches Risikomaß und zeigt die Standardabweichung vom Mittelwert beziehungsweise von der Schwankungsbreite. Sie wird in Prozent angegeben und ist immer zeitbezogen. Aktien mit höherer Volatilität als die Gesamtmarktvolatilität weisen ergo ein höheres Risiko auf.

Die durchschnittliche 10-Jahres-Volatilität des MSCI World beispielsweise beträgt 49,32 %, auf 5 Jahre 39,59 % [14].

Steuerliche Handhabung

Steuerlich unterliegen zum Zeitpunkt der Buchveröffentlichung die Aktien der Kapitalertragsteuer von 25 % mit einem Freibetrag von 1000 € pro Person und Jahr, bei Ehegatten 2000 €. Verluste aus Aktien werden steuerlich im Aktien-Verlusttopf summiert und können mit zukünftigen Gewinnen im Topf verrechnet werden. Hierbei wird beispielsweise auch ein steuerliches „window dressing" am Jahresende interessant, bei dem man sich von Positionen mit Verlust trennt, die man sowieso loswerden möchte, um sie steuerlich mit bereits verbuchten Gewinnen gegenzurechnen. Gibt es steuerliche Verluste im Verlusttopf, so werden diese erst mit zukünftigen Gewinnen aus Aktien oder Dividenden verrechnet, bevor der Freibetrag abschmilzt.

Psychologische und praktische Tipps

Um beispielsweise die Investition in ETFS und Einzelaktien visuell attraktiver zu machen, kann man eine Excel®-Tabelle erstellen mit den Depotwerten. Diese Einzelwerte werden jeweils mit dem Unternehmenslogo (oder auch Länderflaggen) versehen. Das Logo dient hier indirekt zur Erzeugung von Aufmerksamkeit und Verknüpfung mit Wert, ähnlich dem Stickersammeln aus Kindheitstagen. So freut man sich doch endlich am Monatsende, mit einem Teil seines Ersparten Aktien beispielsweise von einer bekannten Fastfoodkette erwerben zu können. An der Tankstelle sieht man das Logo einer bekannten Ölfirma und freut sich, in diese investieren zu können. Der Blick aufs Handy erinnert einen an den Apfel usw.

In Excel können die Depotkurse dann auch mit aktuellen Kursen verknüpft werden, hierzu gibt es ausführliche Anleitungen bei YouTube® zu finden.

Freuen Sie sich darüber, einen Anteil an diesen wertvollen Unternehmen zu halten. Freuen Sie sich auch, wenn Sie mit den Aktien dieser starken Unternehmen noch nicht im Plus oder leicht im Minus sind, so kommen Sie schon nicht auf den Gedanken, diese wertvollen Unternehmen einfach so abzustoßen und schnelle Gewinne mitzunehmen.

Bei Investments in Einzelaktien achten Sie darauf, was Sie im Alltag selbst häufig nutzen und überlegen Sie sich, ob ein Investment sinnvoll ist, entsprechend einer Strategie des Mitprofitierens oder sich etwas Zurückholens. Cave: Manchmal ist die eigene Wahrnehmung hier verzerrt, informieren Sie sich genau über das Unternehmen, welches Ihnen vorschwebt.

Nicht in Panik verfallen, wenn es mal abwärts geht. Haben Sie in gute Werte investiert, kommt auch langfristig wieder eine Gegenbewegung. Überlegen Sie sorgfältig, ob es Sinn macht, aktuell Positionen zu verkaufen oder zu reduzieren. Nicht unbedacht handeln und von der allgemeinen Stimmung mit herunterziehen lassen. Erwägen Sie ggf. eine Depotabsicherung in kleinem Umfang wie im Folgenden beschrieben.

Es empfiehlt sich, in Phasen der Euphorie und Gier einen kühlen Kopf zu bewahren, nicht um jeden Preis aufzuspringen und sich von dem Gefühl leiten zu lassen, etwas zu verpassen. Man spricht hier auch von FOMO (fear of missing out), also dem Gefühl, etwas zu verpassen oder nicht dabei zu sein. Dabei bezahlt man oft zu hohe Preise und ermöglicht den früheren Investoren den Ausstieg (die sog. exit liquidity). Wenn Sie trotzdem aufspringen möchten, ist es ratsam, ggf. kleinere Rücksetzer abzuwarten.

Kauft man als Investor oder Daytrader (Anleger, die Schwankungen innerhalb eines Tages zum Kaufen und Verkaufen ausnutzen) gefallene Einzelaktien im Rahmen einer „Buy the dip"-Strategie (Beschreibung folgt im nächsten Kapitel), so sollte man darauf achten, dass man dies nur tut, sofern keine schlechten News zum Unternehmen selbst vorliegen. Ist dies der Fall, kann es vorkommen, dass der Wert in den Folgetagen noch weiter fällt, z. B. aufgrund von Ratingabstufungen oder Verkaufsempfehlungen von Analysten. Sicherlich kann man auch einmal Erfolg haben nach der Veröffentlichung von schlechten Unternehmensergebnissen, indem man eine Aktie günstig erwirbt. Hier ist jedoch Vorsicht geboten. Man sollte nicht in ein fallendes Messer greifen, falls noch nicht alle schlechten News verarbeitet sind (z. B. Analystenabstufungen der Folgetage). Kauft man trotzdem, setzt dies natürlich auch voraus, dass man sich mit den Ergebnissen des Unternehmens genauer befasst hat und trotzdem noch weiter vom Unternehmen überzeugt ist.

Lieber öfters Einzeltranchen z. B. im Rahmen einer „Buy the dip"-Strategie im Verlauf nachkaufen, als gleich den gesamten Investitionsbetrag zu verbrauchen. So bekommen Sie meist einen besseren Durchschnittskurs. Den günstigsten Einstiegs- und Ausstiegszeitpunkt bekommen Sie meist sowieso nicht.

Trennen Sie sich von „Schrott", bei dem noch weiteres Abwärtspotenzial da ist.

Suchen Sie sich eine App, über die Sie regelmäßig Börsennews lesen, z. B. CNBC® oder Stock3®. Apps wie diese bieten oft kostenfreie Angebote.

Zahlen Sie kein unnötiges Lehrgeld für emotionales Handeln oder Handeln aus Unwissen heraus. Seien Sie informiert und begründen Sie ihre Entscheidung vor sich selbst. Handeln Sie rational und bedenken Sie ihr Risikomanagement und was Sie selbst finanziell tragen können. Übernehmen Sie sich nie. Achten Sie auf das richtige Timing. Investieren Sie nur in Produkte und Märkte, über die Sie auch informiert sind und wo Sie sich auskennen.

Bedenken Sie, lieber langsames, aber stetiges Wachstum, als hohes Risiko oder Klumpenrisiko ohne Diversifikation, aus dem dann Verluste resultieren können.

Was tun bei fallenden (bearishen) Märkten?

Fallen die Märkte, so kann man einerseits die Gelegenheit dazu nutzen nachzukaufen und die gefallenen Aktien nun günstiger zu erwerben (buy the dip). Meist fallen immer zuerst die labileren Werte. Fallen dann die Märkte in den folgenden Tagen oder Wochen weiter, z. B. aufgrund einer schlechten Nachrichtenlage, Angst vor Zinssteigerungen oder Unsicherheit, fallen auch die Schwergewichte und Bluechips. Kauft man in einen Verkäufermarkt hinein, spricht man auch von antizyklischem Handeln. Andererseits kann es bei fallenden Kursen natürlich auch manchmal sinnvoll sein, seine Positionen frühzeitig zu reduzieren, sofern man von noch weiterhin und längerfristig fallenden Kursen ausgeht. In einer solchen Phase kann es sinnvoll sein, Gewinne mitzunehmen bei Aktien, die gut gelaufen sind, bevor diese wieder komplett aufgefressen sind. Sich dann die fallenden Märkte von der „Seitenlinie" anzuschauen und sich anderen Anlagemöglichkeiten zuzuwenden, kann dann natürlich ganz angenehm sein. Es gibt hier kein Patentrezept und jeder sollte seinen Anlagehorizont und seine finanziellen Schmerzgrenzen kennen. Man kann beispielsweise seine Aktienpositionen über eine Stop-Loss-Order absichern. Wird dann die Stop-Loss-Schwelle erreicht, wird zum nächsten gestellten Kurs (market order oder bestens) verkauft. Richtet man beispielsweise eine Stop-Loss-Order mit Limit ein, wird nur zum Limit-Kurs verkauft und man sichert sich einen Mindestbetrag. *Cave:* Wird der Limit-Kurs gar nicht erreicht, sondern fällt die Aktie beispielsweise sofort schnell tiefer, wird die Gesamtposition unter Umständen gar nicht verkauft und Verluste können sich ausweiten. Die meisten Banken und Onlinebroker bieten gute Lexika bezüglich der Erklärung ihrer Limits und Benennung derselben an. Man sollte sich damit ausreichend beschäftigen.

Hierzu ein Beispiel:

Man hält eine Aktie mit einem aktuellen Kurs von 110 €. Setzt man nun ein Stop-Loss bei 100 € (z. B. 10 % tiefer als der aktuelle Kurs), wird die Aktie zum nächsten Kurs bestens nach Erreichen des Stops verkauft. Dieser könnte beispielsweise nur 96 € (Verlustausweitung) betragen oder aber auch 102 €.

Setzt man nun beispielsweise ein Stopp-Loss mit Limit bei 100 €, so erhält man die 100 €, sofern der Kurs erreicht wird. Man hat jetzt seinen Mindestbetrag, unter den man nicht gehen möchte. Problematisch wird es aber, wenn der Kurs nie die 100 € erreicht hat, sondern z. B. sofort auf 96 € fällt, dann wird das Limit unter Umständen nicht ausgelöst und man hält seine Position weiterhin. Verluste können sich dann ausweiten.

Eine Stop-Loss-Order sollte nie zu nah am aktuellen Kurs liegen und sollte natürlich auch die Volatilität einer Aktie und der jeweiligen Marktphase berücksichtigen. Diese liegt für Standardwerte natürlich tiefer als für hochspekulative Tech-Aktien. Die Höhe der Schwelle, also der Abstand zum aktuellen Kurs, sollte jeder Anleger für sich selbst bestimmen. Prozentual werden hier als Faustregel Abstände von 5–25 % zum aktuellen Kurs angegeben [15].

Jedenfalls sollte man ein Aktieninvestment langfristig sehen und bereit sein, einen Konjunkturzyklus (Abbildung 9) auszuhalten, um seine Aktien nicht unter Wert zu verkaufen und seine Aktien so lange zu halten, bis ggf. wieder eine Aufschwung- oder Boomphase erreicht ist. Ein Konjunkturzyklus dauert je nachdem etwa zwischen fünf und zehn Jahren.

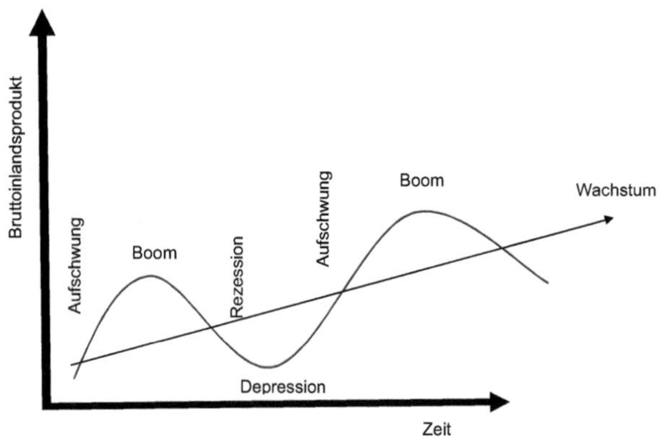

Abbildung 9: Der Konjunkturzyklus

Im Trader-Jargon wird oft davon gesprochen, long oder short zu sein. Long heißt, dass man in einem Wert tatsächlich investiert ist und auf steigende Kurse setzt. Short heißt, man setzt auf fallende Kurse. Institutionelle Investoren oder Hedgefonds tun dies beispielsweise über Leerverkäufe (zum Glück für Privatinvestoren nicht möglich, da dies zum kompletten Ruin führen kann). Steigt eine Aktie trotzdem, obwohl man sie leerverkauft hat, d. h., man besitzt sie gar nicht, muss man unter Umständen astronomische Preise bezahlen, um sie zurückzukaufen, was bis zur Privatinsolvenz führen würde.

Geht man nun davon aus, dass das Depot mehrere Tage oder auch Wochen hintereinander fällt, beziehungsweise in sinkenden Gesamtmarktphasen, lohnt sich der Blick auf negativ zum Index korrelierte Tracker oder ETFs, beispielsweise ein ShortDax®-ETP oder ShortDax® Daily Swap UCITs ETF. Fällt nun beispielsweise der Dax® um 1 %, so steigt der Wert dieses ETPs (Exchange Traded Products) oder ETFs um 1 % (bei einfach gehebeltem Produkt beziehungsweise inverser Korrelation). Auch hier empfiehlt der Autor nicht, Hebel größer als 2 zu verwenden.

Diese Produkte beinhalten selbstverständlich ein höheres Risiko und sind deshalb auch nicht für Anfänger geeignet.

Die Produkte haben eher den Charakter einer Absicherungsprämie, also Depotabsicherungskosten bei fallenden Kursen. Um richtig Geld zu verdienen, sind sie eher weniger geeignet, da, wenn man sie isoliert halten würde, ja ein massives Klumpenrisiko besteht und wenn man sie anteilig in einem diversifizierten Aktiendepot hält, der Wert des Gesamtdepots ja trotzdem mit fallendem Gesamtmarkt sinkt. Auf fallende Kurse allein zu spekulieren mit solchen Produkten, ohne long in anderen Aktien zu sein und diversifiziertes Gesamtportfolio, hält der Autor für hochspekulativ. Es sind im Eigentlichen nach Meinung des Autors auch keine Wertanlagen, sondern Absicherungsprodukte (für die man eine gewisse Prämie bezahlt) nach unten. Bei sämtlichen Hebelprodukten ist dabei zu beachten, dass immer ein Zeitfaktor existiert. Selbst wenn man ein endlos beziehungsweise Open-End-Zertifikat wählt, kann man dieses nicht einfach unbeobachtet liegen lassen. Das berühmte Zitat des legendären Börsengurus André Kostolany „Kaufen Sie Aktien und nehmen Sie Schlaftabletten" geht hier keinesfalls auf.

ANLAGEN IN GOLD

Seit den achtziger Jahren hält sich die „5–10 % Gold im Depot"-Regel hartnäckig. Woher diese Regel jedoch kam und wie sie sich begründet, sind die Experten schuldig geblieben. Eine retrospektive Analyse über die letzten 50 Jahre betrachtete Renditen und Volatilitäten für verschiedene Aktien/Gold-Portfoliomischungen und zeigte für die 5–10 % Goldbeimischung keinen Renditevorteil. Eine Analyse von Fairvalue® eines 60/40-Portfolios, bestehend aus 60 % Aktien und 40 % Staatsanleihen, zeigte, dass eine deutlich höhere Beimischung von 20–30 % Gold am erfolgreichsten war und die Beimischung von 5–10 % keinen Nutzen erbrachte. Eine Goldbeimischung als Versicherung im Krisenfall von 5–10 % wirkt sich ebenfalls zur Verlustabfederung zu gering aus. Auch in Bezug auf den maximalen Wertverlust im untersuchten Zeitraum zeigte sich ein höherer Goldanteil vorteilhaft. Über einen Zeitraum von 50 Jahren betrachtet, betrug die durchschnittliche Rendite von Gold 6,28 %, auf 30 Jahre 3,52 % und auf 15 Jahre 4,43 %. Natürlich ist es nun schwer, den MSCI World mit 7,34 % rein in puncto Rendite auf lange Sicht zu schlagen. Die Volatilität des Depots dieser Analyse war aber im gesamten Zeitraum um ca. 20 % mit Goldbeimischung niedriger [16].

Bei Gold gibt es entweder die Möglichkeit, dieses physisch bei der Bank seines Vertrauens vor Ort zu erwerben und zum Beispiel in einem Schließfach zu halten; die andere Möglichkeit besteht darin, einen Gold ETC (Exchange Traded Commodity) zu erwerben, z. B. Xetra® Gold, es handelt sich hierbei jedoch um eine Inhaberschuldverschreibung. Da Goldanlagen zinslos sind, sind diese wiederum abhängig vom Zinsniveau. Bei steigenden Zinsen sinkt der Goldpreis, da die Alternativkosten steigen und man beispielsweise sein Geld höherverzinst in Festgeldern oder Anleihen anlegen kann. Wenn die Nachfrage nach Gold dann sinkt, sinkt auch der Preis. Weiterhin korreliert Gold leicht negativ mit dem Aktienmarkt.

Die durchschnittliche 5-Jahres-Volatilität von Gold beträgt 30,81 %, die 10-Jahres-Volatilität 39,52 % [17], liegt also etwa 10 % niedriger als die des MSCI World über denselben Zeitraum betrachtet. Gemäß einer Analyse der US-amerikanischen Plattform Morningstar wies Gold über einen 19-Jahres-Zeitraum betrachtet eine Volatilität von 21,52 % auf bei einem Maximalverlust von 37 %. Aktien des MSCI World zeigten sich im selben Zeitraum zwar ähnlich volatil mit 19,66 %, aber mit höherem Maximalverlust zwischenzeitlich von 53,6 % [18].

Gold korreliert zum MSCI World mit −0,09 % [19], d. h., es verhält sich invers zum Aktienmarkt, was es als Diversifikationsanlage interessant macht.

Tabelle 2 zeigt die Korrelation von verschiedenen Anlageklassen und Gold. Mit dem S+P 500 ist Gold ebenfalls negativ korreliert [20]. Auch eine negative Korrelation von Gold mit dem US-Dollar wird beschrieben [21]. In vielen Ländern der Erde ist Gold deutlich populärer als hierzulande, beispielsweise in Dubai oder Asien. Die Leute dort müssen jedoch das Gold in US-Dollar in ihrer Landeswährung ankaufen. Steigt der Dollar zu stark, sinkt dadurch die Goldnachfrage.

	2010	2011	2012	2013	2014
EUR/USD	0,16	0,1	0,5	0,34	0,33
Silber	0,81	0,74	0,84	0,90	0,80
Öl (WTI)	0,34	0,27	0,36	0,28	0,24
S&P 500	0,21	−0,03	0,26	0,17	−0,16

Tabelle 2: Korrelation von Gold mit anderen Assets (modifiziert, Original GFMS, Thompson Reuters, aus Gold im Portfoliokontext, Incrementum AG In Gold we Trust Report 2015 – Extended Version 25. Juni 2015)

Vorteile von Gold

» erhöhte Portfoliodiversifikation
» hohe Liquidität
» kein Kontrahenten-Ausfallrisiko
» Robustheit in Schocks und Zeiten von Deflation und Inflation [22]
» zeitloser Klassiker als Tausch- und Wertaufbewahrungsmittel
» in Zeiten niedriger Zinsniveaus sind die Opportunitätskosten für Gold gering

Steuerliche Behandlung

Steuerlich handelt es sich zum Zeitpunkt der Veröffentlichung dieses Buches bei Goldgeschäften sowohl physisch als auch bei Xetra®-Gold, bei dem eine Ausübungsoption besteht, um private Veräußerungsgeschäfte. Diese müssen mit dem individuellen Steuersatz versteuert werden. Es gibt keinen Freibetrag, aber eine Freigrenze von 1000 €. Gewinne ab 1000 € sind in voller Höhe als sonstige Einkünfte gemäß Paragraf § 23 EStG mit dem individuellen

Steuersatz zu versteuern. Nach der Haltedauer von mehr als 1 Jahr sind die Gewinne steuerfrei.

Fazit

Goldanlagen sollten auf jeden Fall langfristig erfolgen. Sie dienen der Portfoliodiversifikation und können langfristig die Volatilität in einem Aktienportfolio reduzieren, da sie negativ zum Aktienmarkt korreliert sind, somit sinkt die Volatilität eines Aktien-Gold-Mischportfolios. Sie sind ein Anker in Krisenzeiten und Phasen von Inflation. Vermögensverwalter mischen Gold taktisch zur Allokation ihrer Portfolios bei und erhöhen z. B. den Goldanteil in Phasen, in denen es gut läuft.

Oft liest man, dass Goldinvestitionen besonders für junge Menschen nicht sinnvoll seien, da sie ja langfristig mit der Rendite in Aktien deutlich besser fahren würden. Ein 20-Jähriger beispielsweise, der Vermögen aufbauen möchte, fährt langfristig mit einer MSCI-World-Anlage mit großer Wahrscheinlichkeit besser. Wir erinnern uns an die durchschnittliche Rendite des MSCI von ca. 7 %. Dies setzt jedoch voraus, dass die Anlage auch lange genug gehalten werden kann und in Krisenzeiten nicht verkauft werden muss. Betrachtet man die unterschiedlichen Volatilitäten von Gold und Aktien isoliert ohne Mischportfolio, so fällt auf, dass sowohl Goldpreis als auch Aktien starken Schwankungen unterliegen und der Goldpreis auf 5-, 10- oder 20-Jahres-Sicht nur unwesentlich niedrigere Volatilitäten als Aktien aufweist. Auf Sicht von 20 Jahren sind diese sogar annähernd gleich. Betrachtet man jetzt aber den maximalen Verlust im Zeitraum, so zeigt sich ein zwischenzeitlicher Maximalverlust der Aktien im Zeitraum von 53 % versus Gold von 37 %. Unser 20-Jähriger aus dem Beispiel ist nun 35 geworden und hat Familie bekommen. Aufgrund verschiedenster Anschaffungen muss er einen Teil seiner Anlagen verkaufen. Setzt man nun voraus, dass er immer zum schlechtesten Zeitpunkt jeweils beide Anlagen Gold und Aktien verkaufen muss, so ist er doch froh, auch in Gold und nicht nur in Aktien investiert zu haben. Deshalb existiert nach Meinung des Autors keine grundsätzliche Aussage als Anlageempfehlung, da diese immer zur persönlichen Situation passen muss. Zur Diversifikation in ein Mischportfolio bietet sich eine Goldanlage auf jeden Fall an, wobei höhere Goldanteile als 5–10 % in einem Portfolio als bisher üblich nicht falsch erscheinen.

ANLEIHEN

Eine Anleihe ist eine Schuldverschreibung, Rentenpapier oder zinstragendes, an der Börse gehandeltes Wertpapier. Anleihen können jederzeit zum aktuellen Kurs (in Prozent des Nennwertes angegeben) verkauft werden. Die Anleihe hat eine vorher festgelegte Restlaufzeit und einen festverzinslichen Nominalzins. Der aktuelle Kurs und der Nennwert nähern sich zum Ende der Laufzeit an. Die Höhe der Verzinsung hängt von der Laufzeit ab. Bei normaler Zinsstrukturkurve steigt die Verzinsung mit der Laufzeit. Sind die kurzfristigen Zinsen höher als die langfristigen, spricht man von einer inversen Zinsstrukturkurve. Das Risiko einer Staatsanleihe hängt von der Kreditwürdigkeit des jeweiligen Staates ab. Deutsche Bundesanleihen gelten als sicher. Unternehmensanleihen sind meist höher verzinst, da sie noch einen Risikokupon (für das jeweilige Unternehmensrisiko) beinhalten. Die Rendite einer Anleihe ist nicht mit dem Nominalzins identisch, sondern hängt vom Nominalzins, der Restlaufzeit, dem Kaufkurs und dem Rückzahlungskurs (zum Ende der Laufzeit immer 100 %) ab.

Die Duration oder Kapitalbindungsdauer sagt aus, wie viele Jahre der Investor warten muss, bis er sein eingesetztes Kapital zurückerhält. In die Duration sind auch zwischenzeitliche Zinserträge eingerechnet, sie ist bei positiver Nominalverzinsung natürlich geringer als die Restlaufzeit.

Werden nun die Marktzinsen durch die Notenbank während der Laufzeit der Anleihe gesenkt, steigt der Wert der Anleihe, da diese noch den „alten" höheren Kupon bietet.

Werden die Zinsen durch die Notenbank erhöht, so fällt der Kurs des Bonds, da dieser mit der „alten" Verzinsung unattraktiver wird. Aufgrund der Wiederanlageprämisse (ausgeschüttete Kupons werden dann zum besseren Zinssatz reinvestiert unter Voraussetzung vollkommener Kapitalmärkte) wird die Anleihe zum Zeitpunkt der Duration unabhängig von Zinsänderungen, soweit die Theorie. Anleihen mit niedriger Verzinsung haben eine längere Duration, mit hoher Verzinsung wird diese kürzer.

Bei Anleihen besteht ein Totalausfallrisiko, je nach Emittent. Es existiert auch keine Einlagensicherung o. Ä.

Beispiel:

Eine Bundesanleihe hat einen Nominalzins von 2 % und 8 Jahre Restlaufzeit. Der aktuelle Kurswert beträgt 93 %, die errechnete Duration 7,45 Jahre. Die effektive Rendite p. a. beträgt 2,9 %.

$\Longrightarrow$ Anleihen zu kaufen, wird nun kurz vor Zinswenden von Hochzinsphasen auf Zinssenkungszyklen interessant. Je aggressiver und schneller diese hintereinander auftreten, umso besser. Hier können Kursgewinne realisiert werden.

$\Longrightarrow$ Anleihen sind in einem Mischportfolio natürlich essenziell.

Steuerliche Behandlung

Anleihen unterliegen der Kapitalertragsteuer von 25 %.

ROHSTOFFE

Wer in Rohstoffe investieren möchte, tut dies am besten im Rahmen von ETCs, sog. Exchange Traded Commodities. Das sind börsengehandelte Wertpapiere in Form von Schuldverschreibungen auf die Wertentwicklung von Rohstoffen. Dies ist eine Sonderform des Zertifikats. Im Gegensatz zu ETFs unterliegen diese als Schuldverschreibungen prinzipiell einem Emittenten-Ausfallrisiko. ETCs können jedoch auch besichert sein, indem der zugrunde liegende Rohstoff von der emittierenden Investmentgesellschaft physisch hinterlegt wird. Rohstoffe eignen sich zur Diversifikation eines Portfolios. So kann beispielsweise an der Wertentwicklung eines Basiswertes profitiert werden, z. B. Öl (WTI oder Brent), Weizen, Erdgas (z. B. Henry Hub Natural Gas) oder auch des Holzpreises. Findet man in Zeiten teuer bewerteter Aktienmärkte keine wirklichen Investitionsmöglichkeiten am Aktienmarkt, so kann das Portfolio diesbezüglich erweitert werden. Beispielsweise kauft man, wenn der Ölpreis deutlich gesunken ist oder die Weizenpreise aufgrund einer sehr starken Erntesaison gefallen sind oder saisonal Erdgas in der warmen Jahreszeit. Man spricht bei Investitionen in Rohstoffe auch oft vom antizyklischen Handeln. Steuerlich unterliegen Erträge aus ETCs zum Zeitpunkt der Buchveröffentlichung der Kapitalertragsteuer von 25 % mit einem Freibetrag von 1000 € pro Person und Jahr, bei Ehegatten 2000 €, genau wie bei Aktien. Verluste aus ETCs wandern in den Verlusttopf „Sonstige". Verluste aus Rohstoffen können dann nur mit Gewinnen aus anderen Zertifikaten verrechnet werden, nicht aber mit Aktien.

IMMOBILIEN

Möchte man in Immobilien investieren, bietet sich ein Engagement in offenen Immobilienfonds an. Anleger können sich so an breit gestreuten Immobilieninvestments beteiligen. Der Anlagehorizont ist mittel- bis langfristig. So können Anleger an der Wertsteigerung und an Mieteinnahmen von Bürogebäuden, Shopping Malls, Hotels oder Logistikzentren, aber auch Wohnimmobilien profitieren [23]. Meist gibt es einen Ausgabeaufschlag oder Agio von 0–5 %. Geschlossene Immobilienfonds eignen sich für Kleinanleger eher weniger. Sie sind oft projektgebunden, vom Volumen her kleiner, geringer diversifiziert, sind langfristiger geplant, erfordern eine einmalige anfängliche Kapitaleinwerbung und haben ein höheres Ausfallrisiko. Dafür bieten sie im Gegenzug eine etwas bessere Rendite. Bei steigenden Zinsen sind Wertrückgänge für offene Immobilienfonds zu erwarten, da sich Anleger dann wieder den höherverzinslichen Produkten zuwenden [24]. Verkaufen dann viele Anleger auf einmal, kann dies zu Liquiditätsengpässen in den Fonds führen, sodass die Fondsmanager Immobilien verkaufen müssen.

Ausschüttungen aus offenen Immobilienfonds zählen steuerlich zu den Einkünften aus Kapitalvermögen und unterliegen der Kapitalertragsteuer von 25 %.

KRYPTOWÄHRUNGEN

Der Hype um Kryptowährungen hat mittlerweile beängstigende Ausmaße angenommen. Diese sind nach wie vor hochspekulative Anlagen. Jedoch scheinen sie sich zusehends als Anlageklasse zu etablieren, insbesondere Bitcoin. Durch die US-Wahl hat sich der Trend nochmals verstärkt. Würde z. B. Bitcoin als Währungsreserve in den USA hinterlegt, wäre das ein weiterer Schritt in dauerhafte und sichere Etablierung beziehungsweise Akzeptanz. Länder wie El Salvador halten bereits Bitcoin in ihrer Währungsreserve, dort wurde Bitcoin 2021 als gesetzliches Zahlungsmittel eingeführt (aufgrund eines Abkommens mit dem IWF [Internationalen Währungsfonds], mittlerweile jedoch wieder eingeschränkt).

Die sechs größten Kryptowährungen nach Marktkapitalisierung sind zum Zeitpunkt der Veröffentlichung dieses Buches (wobei sich die Marktkapitalisierung selbstverständlich dauernd ändert und somit die unten aufgeführten Positionen dynamisch wechseln):

1. Bitcoin, 2. Ethereum, 3. Tether, 4. XRP (Ripple),
5. Solana, 6. BNB

Oft wird auch von Altcoins, sog. Alternative Coins, gesprochen. Mit diesem Begriff werden alle anderen Alternativen und Nachfolger von Bitcoin bezeichnet.

Kryptowährungen kann man beispielsweise erwerben, indem man sich auf einer Kryptoplattform oder Kryptobörse anmeldet: Bitstamp, Bitpanda, Binance, eToro, Coinbase usw., um nur einige zu nennen. Man kann aber auch an der Wertentwicklung von Kryptowährungen partizipieren, wenn man ein normales Depot hat. Hierzu bieten sich dann ETPs auf Bitcoin, Ether, Ripple usw. an oder auch Zertifikate.

Bitcoin

Bei Bitcoin handelt es sich um ein Zahlungssystem, das 2007 von Satoshi Nakamoto erfunden wurde. Es gilt quasi als Mutter aller Kryptowährungen. Seine zentrale Eigenschaft ist die Blockchain. Blockchain ist eine Technologie zur Datenerhaltung in dezentral verteilten Netzwerken, also Netzwerken, die nicht von einer zentralen Instanz verwaltet werden. Die Daten werden in einzelnen Blöcken aneinandergereiht, neue Datenblöcke werden am Ende angehängt und auf den Rechnern im Netzwerk gespeichert. Durch den Einsatz kryptologischer Methoden bleibt die chronologische Reihenfolge stets erhalten [25]. Jeder kann eine Kopie der Blockchain herunterladen und jede Bitcoin-Transaktion verfolgen, die jemals getätigt wurde. Es wird zwar jede Transaktion aufgezeichnet, diese ist aber anonym und nicht zwangsläufig mit realen Identitäten verknüpft. Dies hat dem Bitcoin viel Kritik eingebracht in Bezug auf Geldwäsche, schmutziger Coin usw.

Bitcoins sind keine eigentlichen Dateien, vielmehr entspricht der Besitz eines Bitcoins einer Bitcoin-Adresse. Das jeweilige Guthaben ist in der Blockchain gespeichert und der Besitzer der Bitcoin-Adresse kontrolliert quasi den privaten Schlüssel und kann Transaktionen unterzeichnen [26]. Bitcoin Mining ist ein Prozess, bei dem Rechenleistung zur Transaktionsverarbeitung, Absicherung und Synchronisierung aller Nutzer im Netzwerk zur Verfügung gestellt wird [27]. Dies geschieht über eine Art dezentrales Rechenzentrum von Minern auf der ganzen Welt. Die Miner schürfen neue Bitcoins und werden quasi für das Zurverfügungstellen der Rechenleistung belohnt. Alle vier Jahre findet ein sog. Bitcoin Halving statt. Bitcoin-Schürfer erhalten als Lohn quasi nur noch die Hälfte an Bitcoins. Dies macht Bitcoin-Schürfen unattraktiver und führt so zu einer Produktionsverringerung an Bitcoin. Diesem Halving wird oft eine preistreibende Wirkung zugeschrieben, da die Menge neuer Bitcoins nun langsamer wächst und somit das Angebot knapp bleibt.

Die maximale Anzahl an Bitcoins ist gedeckelt auf 21 Mio., wobei 90 % bereits geschürft sind. 2140 wird voraussichtlich der letzte Bitcoin gemined sein. Danach werden keine neuen Bitcoins mehr geschürft und das Netzwerk muss nicht mehr durch Transaktionsgebühren finanziert werden [28].

Das Schürfen eines Bitcoins dauert, wenn man Teil eines entsprechend starken Mining Pools ist, mit starker Rechenleistung etwa 10 Minuten. Der Stromverbrauch ist immens. Für das Schürfen eines Bitcoins braucht man so viel Strom, dass man einen normalen Haushalt neun Jahre lang versorgen könnte. Im Mai 2023 lag der geschätzte Stromverbrauch für den Bitcoin bei 95,58 TWh, im Jahr 2022 bei 204,5 TWh, was damit den Energiebedarf von Finnland übertraf [29]. Dies hat dem Bitcoin abermals starke Kritik aus Umweltgesichtspunkten eingebracht. Das Finden beziehungsweise Schürfen eines Bitcoins, also das Senden eines neuen Blocks, dauert im Idealfall bei starker Rechenleistung 10 Minuten und der Miner, der den Block gelöst hat, wird mit einem Bitcoin belohnt. Das Schürfen von Bitcoin ist also extrem teuer. Das Rohstoffportal „911 Metallurgist" hat nun ermittelt, in welchen Ländern das Schürfen von Bitcoin besonders günstig und teuer ist. Den teuersten Standort zum Bitcoin Mining belegte Venezuela mit 246.000 US-Dollar, das günstigste Land war Kuwait mit 1.400 US-Dollar, was an den umfangreichen Ölvorkommen liegen dürfte, von denen auch die Strompreise profitieren, Stand der Daten war der 30.12.2022 [30].

In einer Analyse über vier Jahre von HWZ zeigte Bitcoin eine Volatilität von 95 % bei gleicher Volatilität am Aktienmarkt von 14 %. Die Korrelation mit dem Aktienmarkt betrug 0,3. Durch Beimischung eines Bitcoin-Anteils von 5 % ins Depot konnte die Gesamtrendite um 2 % gegenüber einem reinen Aktienportfolio im Zeitraum gesteigert werden. Die Volatilität von Bitcoin war zwar sehr hoch, durch die niedrige Korrelation von Bitcoin von 0,3 gegenüber dem Aktienmarkt wurde das Risiko des Gesamtdepots dadurch aber sogar reduziert [31].

Die Korrelation von Bitcoin mit der Technologiebörse Nasdaq® schwankte in einer 30-Tages-Analyse stark, und zwar von 0,9 bis −0,9 [32]. Dennoch scheint zumindest phasenweise Bitcoin stark mit dem Nasdaq® zu korrelieren.

Laut einem Bericht von Fidelity im Jahr 2023 hat die Korrelation von Bitcoin und Gold wieder zugenommen [33]. Es wird auch von einer Konkurrenzanlage zu Gold gesprochen [34]. Beides macht Sinn. Da sowohl Gold als auch Bitcoin zinslos sind, steigen sie tendenziell in Zinssenkungsphasen, da die Opportunitätskosten geringer ausfallen, z. B. im Fall renditestarker Anleihen.

Bitcoin und die Zinsen sind tendenziell invers miteinander korreliert. Sinkt also der Zins, steigt Bitcoin. Gemäß dem o. g. Bericht von Fidelity konnte sich Bitcoin jedoch phasenweise von seiner inversen Beziehung abkoppeln und fiel nicht mehr in Phasen steigender Zinsen.

Neben Bitcoin wird hier noch kurz Ripple (XRP) erwähnt, da dies ein etwas anderes Transaktionssystem darstellt. Es ist zu vergleichen mit dem SWIFT-System, bei dem internationale Banktransaktionen standardmäßig getätigt werden können. Ripple bietet seit seiner Gründung im Jahr 2012 eine Plattform für schnelle und kostengünstige internationale Transaktionen, speziell für Banken und Finanzinstitute [35]. Ripple befindet sich aktuell auf Platz 4 der Marktkapitalisierung der Krypto-Coins. Eine weitere Etablierung bleibt abzuwarten.

Werden Kryptowährungen an reale Vermögenswerte gekoppelt, z. B. an den US-Dollar oder Gold, spricht man von einer Stablecoin. Dies kann z. B. über Kryptoplattformen geschehen. Eine Stablecoin reduziert die Volatilität und hat die Eigenschaft eines Tauschmittels, einer Rechnungseinheit und eines Wertaufbewahrungsmittels [36]. Tether beispielsweise ist ein Stablecoin und an den US-Dollar gekoppelt. Bitcoin ist kein Stablecoin.

Der größte Vermögensverwalter der Welt BlackRock empfiehlt eine Bitcoin-Allokation von bis zu 2 % des Portfolios für interessierte Investoren [37].

Fazit: Nach Meinung des Autors ist eine Beimischung von Kryptowährungen im Depot von 5 % bis allerhöchstens 10 % bei wachstumsorientierten Anlegern sinnvoll, ähnlich dem alten Gold-Mantra. Nach Ansicht des Autors arbeitet man hier am ehesten mit Bitcoin, da auch viele institutionelle Anleger Bitcoin halten und es quasi die Krypto-Leitwährung darstellt. Somit erscheint das Risiko etwas kalkulierbarer. Andere Kryptowährungen sollten allenfalls beigemischt werden. Die Empfehlung von BlackRock mit 2 % Bitcoin-Allokation kann der Autor sehr gut nachvollziehen. Da Kryptowährungen eine sehr neue Assetklasse darstellen, erscheint ihm das aber sehr vorsichtig bzw. konservativ.

Der ein- oder andere Krypto-Trader mag das gänzlich anders sehen und ihm erscheint die Allokation von Kryptowährungen mit 5–10 % möglicherweise als zu gering, doch liegt in deren Portfolien oft ein erhebliches Klumpenrisiko.

Es wird ausdrücklich nochmals darauf hingewiesen, dass es sich um eine hochspekulative Anlage handelt. Weitere regulatorische Klarheit bleibt abzuwarten. Sollte der Bitcoin beispielsweise als Währungsreserve bei der amerikanischen Notenbank hinterlegt werden, wäre dies ein wichtiger Schritt in Richtung dauerhafte und kalkulierbarere Wertanlage. Viele Notenbanken würden dann vermutlich nachziehen.

Steuer

Bei der Veräußerung von Kryptowährungen ist genau auf die Produktausgestaltung zu achten. Verkauft man Kryptowährungen direkt auf Krypto-Plattformen, so handelt es sich steuerlich zum Zeitpunkt der Veröffentlichung dieses Buches um private Veräußerungsgeschäfte. Diese müssen mit dem individuellen Steuersatz versteuert werden. Es gibt keinen Freibetrag, aber eine Freigrenze von 1000 €. Gewinne ab 1000 € sind in voller Höhe als sonstige Einkünfte gemäß Paragraf § 23 EStG mit dem individuellen Steuersatz zu versteuern. Nach der Haltedauer von mehr als einem Jahr sind die Gewinne aktuell steuerfrei. Das Gleiche gilt für Krypto-ETPs oder -ETCs, die physisch hinterlegt sind. Diese werden steuerlich wie Direktinvestments behandelt. Voraussetzung ist, dass eine Auslieferungsoption besteht, adäquat zum Xetra®-Gold. Dies gilt z. B. für Produkte der Emittenten der ETC Group, Deutsche Digital Assets, Vaneck, 21 Shares und Coinshares [38].

Manche Krypto-Zertifikate fallen auch unter die Kapitalertragsteuer und sind dann mit 25 % zu versteuern. Man sieht dies spätestens in seiner individuellen Steuerübersicht bei seiner Bank. Erfolgt keine unterjährige Gewinn- oder Verlustverrechnung in der persönlichen Steuerübersicht und wird der Freibetrag auf Kapitalerträge nicht angerührt, so handelt es sich um ein privates Veräußerungsgeschäft. Liegt der persönliche Steuersatz höher als 25 % oder trägt man beispielsweise einen sonstigen Verlusttopf vor (in welchem anderweitige Verluste mit den Gewinnen aus Krypto-Zertifikaten verrechnet werden können), so empfiehlt sich eher die Investition in ein entsprechendes Krypto-Zertifikat. Hierbei ist jedoch wieder auf das Emittenten-Ausfallrisiko zu achten.

SCHLUSSWORT

Ich hoffe, Ihnen nun einige Zusammenhänge und Kenntnisse über Investieren, Trading und Portfoliodiversifikation nähergebracht zu haben. Ich hoffe, Sie können ihren Nutzen daraus ziehen. Geben Sie gut auf sich acht, recherchieren Sie sorgfältig und investieren Sie gut überlegt. Lassen Sie Zockerei und hüten Sie sich davor, ständig vor den Kursen zu hängen, das kann zu einem Zustand ähnlich der Spielsucht führen. Vermeiden Sie, große Klumpenrisiken anzuhäufen und denken Sie daran, finanzielle Verluste sind auch ein Verlust an Lebenszeit, da Sie wieder dafür arbeiten müssen, um auf denselben Stand zu kommen.

QUELLENVERZEICHNIS

[1] Kern, F., Sigl-Glöckner, P. & Krahé, M. Geldpolitische
     Implementierung im Wandel (2022). Hintergrundpapier Teil
     1, Dezernat Zukunft, Institut für Makrofinanzen. Verfügbar
     unter: https://dezernatzukunft.org/geldpolitische-
     implementierung-im-wandel/ [abgerufen am 19.11.24].

[2] Mankiw, N. G. Makroökonomik (2024). Kapitel 5 Inflation:
     Ursachen, Wirkungen und soziale Kosten, 8., aktualisierte
     Auflage, Verlag Schäfer-Poeschel, S. 135–172.

[3] Mankiw, N. G., The Growth of Nations (1995). Brookings
     papers on Economic Activity, vol. 26 (Issue 1), S. 275–326.

[4] Bowles, S., Carlin, W. & Stevens, M. (2017). „Inflation,
     Arbeitslosigkeit und Geldpolitik". Einheit 15 in CORE
     Team, Die Wirtschaft. Verfügbar unter: https://www.
     core-econ.org/the-economy/v1/book/de/text/15.html
     [abgerufen am 19.11.2024].

[5] https://wirtschaftslexikon.gabler.de/definition/phillips-
     kurve-42714/version-266057 [abgerufen am 19.11.24].

[6] Blanchard, O. & Illing, G. (2021). Makroökonomie, Kapitel
     19 – Produktion, Zinssatz und Wechselkurs (8. Auflage).
     Pearson Verlag, S. 595–622.

[7] De Luigi C., Lechthaler W., Rumler, F., Trumps neue Zollpolitik:
     Wachstumsverlust, Inflation und keine Garantie für eine
     bessere Handelsbilanz - Oesterreichische Nationalbank
     (OeNB). Verfügbar unter: https://www.oenb.at/Presse/
     oenb-blog/2025/2025-01-20-trumps-neue-zollpolitik.html
     [abgerufen am 3.5.25]

[8] Mankiw, N. G., Taylor M. P., Grundzüge der
     Volkswirtschaftslehre, 5. Überarbeitete und erweiterte
     Auflage, Kapitel 9 Anwendung: Zwischenstaatlicher Handel,
     S. 217-231, Schäfer Poeschl Verlag Stuttgart 2012.

[9]   Altmann, K. (2024). Fünf Tipps für die Geldanlage in Aktien und Fonds, Bundesverband deutscher Banken e.V. Verfügbar unter: https://bankenverband.de/geldanlage/fuenf-tipps-fuer-die-geldanlage-aktien-und-fonds/ [abgerufen am 19.11.24].

[10] MSCI, https://www.msci-world.de/ [abgerufen am 19.11.2024].

[11] Riedl, D., Währungsrisiko von ETFs richtig erfassen, 09.10.22, https://www.justetf.com/de/news/etf/der-einfluss-von-waehrungsrisiken-auf-etfs.html [abgerufen am 20.11.24].

[12] Huber, E. 70/30-Portfolio: Ist das Weltportfolio noch eine gute Wahl? 28.2.2024. Verfügbar unter: https://zendepot.de/etf/70-30-portfolio [abgerufen am 20.11.24].

[13] Buske, N., KGV von Aktien- Darum ist das Kurs-Gewinn-Verhältnis für Anleger so wichtig, 16.12.24 Verfügbar unter: https://www.handelsblatt.com/finanzen/anlagestrategie/trends/kgv-von-aktien-was-sie-zum-kurs-gewinn-verhaeltnis-wissen-muessen-/27548028.html [abgerufen am 28.12.24].

[14] https://www.boerse.de/technische-analyse/MSCI-World/XC0009692739 [abgerufen am 21.11.24].

[15] Benner-Heinacher, J. Wie sinnvoll sind Stopp-Loss Orders? https://www.dsw-info.de/publikationen/experten-tipps/volltitel-experten-tipps/wie-sinnvoll-sind-stop-loss-orders/ [abgerufen am 28.12.24].

[16] Neumann, M. Anlagestrategie, Gold im Portfolio: Wie viel ist optimal?, Fairvalue, Magazin für Anlagestrategie 04.12.2022. Verfügbar unter: https://fairvalue-magazin.de/gold-im-portfolio/ [abgerufen am 21.11.24].

[17] https://www.boerse.de/technische-analyse/Goldpreis/XC0009655157 [abgerufen am 21.11.24].

[18] Hinkel, A. Wie volatil ist Gold verglichen mit anderen Anlageklassen?, 27.08.2020. Verfügbar unter: https://www.xetra-gold.com/gold-news/news/wie-volatil-ist-

gold-verglichen-mit-anderen-anlageklassen/ [abgerufen am 21.11.24].

[19] https://www.prospera-invest.ch/blog-list/116-gold-vs-aktien [abgerufen am 21.11.24].

[20] Stöferle, R.-P., Valek, M. J., Gold im Portfoliokontext, In Gold we Trust 2015 – Extended Version, Incrementum AG, 25. Juni 2015. Verfügbar unter: https://ingoldwetrust. report/wp-content/uploads/2020/01/2015_1-Gold-im-Portfoliokontext.pdf [abgerufen am 21.11.24].

[21] StoneX Bullion. Gibt es eine Korrelation zwischen dem US-Dollar und dem Goldpreis? 28.08.2024. Verfügbar unter: https://stonexbullion.com/de/blog/korrelation-zwischen-us-dollar-und-gold-preis/

[22] Shah, N. Portfoliobeimischung, Was war die optimale Allokation in Gold von 1973 bis 2023?, Das Investment 12.09.2023. Verfügbar unter: https://www.dasinvestment. com/diversifikation-gold-zur-portfoliobeimischung-nitesh-shah/ [abgerufen am 21.11.24].

[23] BaFin, Offene Immobilienfonds. Verfügbar unter: https:// www.bafin.de/DE/Verbraucher/GeldanlageWertpapiere/ Produkte/Offene_Immobilienfonds/offene_ immobilienfonds_node.html

[24] Fuchs, M., Zinswende belastet offene Immobilienfonds. Springer Professional, Online-Artikel 01.11.2023. Verfügbar unter: https://www.springerprofessional.de/ immobilienfonds/leitzins/zinswende-belastet-offene-immobilienfonds/26225890

[25] Was ist Blockchain?, Bundesamt für Sicherheit in der Informationstechnik BSI. Verfügbar unter: https://www.bsi. bund.de/DE/Themen/Verbraucherinnen-und-Verbraucher/ Informationen-und-Empfehlungen/Technologien_sicher_ gestalten/Blockchain-Kryptowaehrung/blockchain-kryptowaehrung_node.html [abgerufen am 22.11.24].

[26] Coinbase-Hilfecenter, Erste Schritte, Was ist die Bitcoin Blockchain?, Verfügbar unter: https://help.coinbase.com/de/coinbase/getting-started/crypto-education/what-is-the-bitcoin-blockchain [abgerufen am 22.11.24].

[27] Was ist Bitcoin Mining? BTC-Echo. Verfügbar unter: https://www.btc-echo.de/academy/bibliothek/was-ist-bitcoin-mining/ [abgerufen am 22.11.24].

[28] Arent, A., Zukunft der Kryptowährung. Wie viele Bitcoins kann man noch „minen"?, t-online.de 17.10.2023. Verfügbar unter: https://www.t-online.de/finanzen/ratgeber/geldanlage/kryptowaehrungen/id_100185592/bitcoin-wie-viele-bitcoins-gibt-es-wann-ist-die-maximale-anzahl-erreicht-.html [abgerufen am 25.11.24].

[29] Kolesnikov, N., 60+ Statistiken zum Bitcoin-Mining und Energieverbrauch im Juni 2023: alles Wissenswerte, Techopedia Januar 2024. Verfügbar unter: https://www.techopedia.com/de/60-statistiken-zum-bitcoin-mining-und-energieverbrauch-im-juni-2023-alles-wissenswerte [abgerufen am 28.12.24].

[30] Bitcoin-Mining im Vergleich: In welchen Ländern das Schürfen von Bitcoin besonders profitabel ist – und in welchen nicht, 10.01.23. Verfügbar unter: https://www.finanzen.net/nachricht/devisen/krypto-paradiese-bitcoin-mining-im-vergleich-in-welchen-laendern-das-schuerfen-von-bitcoin-besonders-profitabel-ist-und-in-welchen-nicht-11792606 [abgerufen am 28.12.24].

[31] HWZ, 26. Januar 2024, Gastbeitrag, Bitcoin in der Diversifikation: Potenziale und Risiken für Anleger:innen. Verfügbar unter: https://fh-hwz.ch/news/gastbeitrag-bitcoin-in-der-diversifikation-potenziale-und-risiken-fuer-anleger [abgerufen am 22.11.24].

[32] Giesen, H., Daten zu Krypto-Korrelationen zeigen: Kryptos sollten nicht als unabhängige Asset-Klasse angesehen werden. Verfügbar unter: https://www.sutorbank.de/

karriere/artikel/kryptos-sollten-nicht-als-unabhaengige-asset-klasse-angesehen-werden [abgerufen am 22.11.24].

[33] Pereira, A. P., Bitcoin-Kurs (BTC) korrelierte 2023 wieder spürbar mit Gold – Fidelity, Cointelegraph 14. Januar 2024. Verfügbar unter: https://de.cointelegraph.com/news/bitcoin-gold-correlation-surges-2023 [abgerufen am 22.11.24].

[34] Stöferle, R-P., Valek, M. J., In Gold We Trust Report 2024, Incrementum. Verfügbar unter: https://ingoldwetrust.report/ [abgerufen am 28.12.24].

[35] Leon, M. Kann Ripple (XRP) SWIFT als neues globales Zahlungssystem ersetzen? Newsbit 02.11.2024. Verfügbar unter: https://newsbit.de/kann-ripple-xrp-swift-als-neues-globales-zahlungssystem-ersetzen/ [abgerufen am 22.11.24].

[36] Stablecoins: Erklärung und Funktionsweise, StudySmarter. Verfügbar unter: https://www.studysmarter.de/magazine/stablecoins-erklaerung-funktionsweise/#:~:text=Ein%20Stablecoin%20ist%20ein%20Krypto,sind%20weniger%20anf%C3%A4llig%20f%C3%BCr%20Preisschwankungen [abgerufen am 25.11.24].

[37] McGee, S. BlackRock recommends bitcoin portfolio weighting of up to 2% for interested investors, Reuters 12.12.24. BluckRock recommends bitcoin portfolio weighting of up to 2% for interested investors, 12.12.24 Reuters. Verfügbar unter: https://www.reuters.com/markets/us/blackrock-recommends-bitcoin-portfolio-weighting-up-2-interested-investors-2024-12-12/#:~:text=Dec%2012%20(Reuters)%20%2D%20BlackRock,in%20a%20report%20on%20Thursday [abgerufen am 28.12.24].

[38] Brummer, T., So zahlst du keine Steuern auf Gewinne aus Krypto-ETPs, extraETF.com 17. April 2024. Verfügbar unter: https://extraetf.com/de/news/etf-news/so-zahlst-du-keine-steuern-auf-krypto-etps [abgerufen am 27.11.24].

FSC
www.fsc.org
MIX
Papier aus ver-
antwortungsvollen
Quellen
Paper from
responsible sources
FSC® C105338